Gedeihen mit Borderline-Persönlichkeitsstörung

Bewährte Strategien zum Umgang mit Emotionen, zum Aufbau von Resilienz und für ein erfülltes Leben

Emma Greenwood

INHALT

Einführung

Erfolgreich trotz Borderline-Persönlichkeitsstörung

Ich saß auf meinem Bett, Tränen liefen über mein Gesicht und spürten die vertraute Last eines emotionalen Sturms. Ich war schon unzählige Male hier gewesen – überwältigt von der Intensität meiner Gefühle, unsicher, wie ich mit dem Chaos in meinem Kopf umgehen soll. In meinen frühen Zwanzigern wurde bei mir eine Borderline-Persönlichkeitsstörung (BPD) diagnostiziert, und ich hatte jahrelang mit Stimmungsschwankungen, impulsivem Verhalten und einer tiefen Angst vor Verlassenheit zu kämpfen. Die Welt sah mich als „schwierig" und „instabil", aber ich war entschlossen, meine Erzählung zu ändern.

Meine Reise begann mit einem entscheidenden Schritt: dem Verstehen meiner Diagnose. Die Borderline-Persönlichkeitsstörung wird oft missverstanden und stigmatisiert. Menschen mit Borderline-Persönlichkeitsstörung leiden unter intensiven Emotionen, instabilen Beziehungen und einem fragilen Selbstbewusstsein. Für mich bedeutete das Verstehen dieser Symptome nicht nur ein Etikett; es bot mir einen Fahrplan für Veränderungen.

BPS zu verstehen war, als würde man in einem dunklen Raum das Licht anmachen. Plötzlich ergaben die scheinbar unberechenbaren und überwältigenden Emotionen einen Sinn. Ich habe gelernt, dass mein Gehirn Emotionen anders verarbeitet, was zu intensiven emotionalen Reaktionen führt. Dieses Wissen gab mir Kraft – es bedeutete, dass ich nicht „verrückt" oder „kaputt" war, sondern dass ich an einer Erkrankung litt, die mit den richtigen Strategien in den Griff zu bekommen war.

Einer der entscheidenden Momente auf meiner Reise war die Suche nach professioneller Hilfe. Ich habe einen Therapeuten gefunden, der BPS versteht und mit mir an der Entwicklung von Bewältigungsstrategien arbeitet. Gemeinsam haben wir uns mit der dialektischen Verhaltenstherapie (DBT) beschäftigt, die sich auf den Aufbau von Fähigkeiten in den Bereichen Achtsamkeit, Stresstoleranz, emotionale Regulierung und zwischenmenschliche Wirksamkeit konzentriert. Durch DBT habe ich gelernt, mit meinen Emotionen umzugehen, selbstzerstörerisches Verhalten zu reduzieren und meine Beziehungen zu verbessern.

Mir wurde klar, dass meine intensiven Gefühle zwar herausfordernd waren, mir aber auch ermöglichten, das Leben lebendiger zu erleben. Diese emotionale

Sensibilität, die ich einst als Fluch betrachtete, wurde zu meiner Superkraft. Ich fühlte mich tief, liebte leidenschaftlich und hatte ein einzigartiges Einfühlungsvermögen für andere. Meine Fähigkeit, tiefe Kontakte zu anderen zu knüpfen, veranlasste mich, ehrenamtlich bei einer örtlichen Krisen-Hotline zu arbeiten. Meine Erfahrungen gaben mir das nötige Einfühlungsvermögen und Verständnis, um andere in ihren dunkelsten Momenten zu unterstützen. Was einst mein größter Kampf war, wurde zu einer Quelle der Stärke und des Ziels.

Der Aufbau von Resilienz war ein weiterer wichtiger Aspekt meiner Reise. Ich entwickelte tägliche Praktiken, die mir halfen, meine emotionale Stabilität aufrechtzuerhalten. Morgenmeditation, Journaling und körperliche Bewegung wurden zu meinen Ankern. Ich begann jeden Tag mit einer 10-minütigen Meditationssitzung. Diese einfache

Übung hat mir geholfen, mich zu zentrieren und eine positive Stimmung für den Tag zu schaffen. Außerdem führte ich ein Tagebuch, in dem ich über meine Gefühle nachdachte und meine Fortschritte verfolgte.

Isolation kann BPS-Symptome verschlimmern, deshalb habe ich daran gearbeitet, ein Unterstützungsnetzwerk aufzubauen. Ich schloss mich einer Selbsthilfegruppe an, in der ich mit anderen in Kontakt kam, die meine Probleme verstanden. Diese Beziehungen vermittelten ein Gefühl der Zugehörigkeit und Bestätigung. Meine Selbsthilfegruppe wurde zu meiner Lebensader. Durch gemeinsame Erfahrungen und gegenseitige Unterstützung fand ich Kraft in der Gemeinschaft. Ich habe auch die Beziehungen zu Familie und Freunden wieder aufgebaut, indem ich offen über meine Reise gesprochen und gesunde Grenzen gesetzt habe.

Ich habe gelernt, kleine Siege zu feiern. Jeder Schritt vorwärts, egal wie klein, war ein Beweis für meinen Fortschritt. Diese Feierlichkeiten bestärkten mein Erfolgserlebnis und motivierten mich weiterzumachen. Ich feierte meinen einmonatigen Meilenstein des konsequenten Tagebuch Schreibens und Meditierens, indem ich mir einen Tag im Spa gönnte. Die Anerkennung dieser kleinen Erfolge hat mir geholfen, positiv und motiviert zu bleiben.

Meine Geschichte ist eine von vielen, die zeigen, dass ein Erfolg mit Borderline-Persönlichkeitsstörung möglich ist. Mit den richtigen Werkzeugen, der richtigen Unterstützung und der richtigen Einstellung können auch Sie Ihre Schwierigkeiten in Stärken verwandeln. Dieses Buch führt Sie durch bewährte Strategien, inspirierende Geschichten und umsetzbare Ratschläge, die Ihnen helfen, trotz BPD erfolgreich zu sein.

Denken Sie auf dieser Reise daran: Veränderungen sind möglich und Sie sind nicht allein. Der Weg zum Erfolg mit BPD ist herausfordernd, aber äußerst lohnend. Lassen Sie meine Geschichte ein Leuchtfeuer der Hoffnung und Inspiration sein, während Sie Ihre ersten Schritte in Richtung eines erfüllten Lebens unternehmen.

TEIL I

Borderline-Persönlichkeitsstörung verstehen

KAPITEL 1

Was ist eine Borderline-Persönlichkeitsstöru ng?

Die Borderline-Persönlichkeitsstörung ist eine psychische Erkrankung, die durch eine weit verbreitete Instabilität der Stimmung, des Verhaltens, des Selbstbildes und der Funktionsweise gekennzeichnet ist. Diese Instabilität führt oft zu impulsiven Handlungen und Problemen in den Beziehungen zu anderen. Menschen mit BPD können intensive Episoden von Wut, Depression und Angst erleben, die einige Stunden bis einige Tage dauern können.

Stellen Sie sich vor, Sie leben in einer Welt, in der sich Ihre Gefühle wie eine Achterbahnfahrt anfühlen und ständig von einem Extrem ins andere wechseln.

In einem Moment fühlst du dich vielleicht ganz oben auf der Welt und im nächsten stürzt du dich in die Tiefen der Verzweiflung. Dies ist für viele Menschen mit Borderline-Persönlichkeitsstörung (BPS) die Realität, was es schwierig macht, sich mit dieser Erkrankung zurechtzufinden.

<u>Symptome und Diagnosekriterien</u>

Das Verständnis der Symptome einer Borderline-Persönlichkeitsstörung ist entscheidend, um die Erkrankung zu erkennen und geeignete Hilfe zu suchen. Das Diagnostic and Statistical Manual of Mental Disorders, Fifth Edition (DSM-5) beschreibt spezifische Kriterien für die Diagnose von BPD. Lassen Sie uns diese Symptome auf verständliche Weise aufschlüsseln:

1. **Angst vor Verlassenheit:** Eine allgegenwärtige Angst davor, allein gelassen oder verlassen zu werden, führt oft zu verzweifelten Bemühungen,

eine tatsächliche oder eingebildete Trennung zu vermeiden.

2. **Instabile Beziehungen:** Intensive und instabile Beziehungen, gekennzeichnet durch einen Wechsel zwischen Idealisierung und Abwertung.

3. **Instabiles Selbstbild:** Ein verzerrtes und instabiles Selbstbild oder Selbstgefühl.

4. **Impulsives Verhalten:** Impulsive Handlungen in mindestens zwei Bereichen, die potenziell selbstschädigend sind, wie z. B. Geldausgeben, Sex, Drogenmissbrauch, rücksichtsloses Fahren oder Essattacken.

5. **Emotionale Instabilität:** Intensive und schnell wechselnde Stimmungen, oft ausgelöst durch äußere Ereignisse.

6. **Chronische Gefühle der Leere:** Ein anhaltendes Gefühl der Leere oder Langeweile.

7. **Unangemessene Wut:** Intensive Wut oder Schwierigkeiten, die Wut zu kontrollieren, oft gefolgt von Scham- oder Schuldgefühlen.

8. **Stressbedingte Paranoia oder Dissoziation:** Vorübergehende, stressbedingte paranoide Gedanken oder schwere dissoziative Symptome.

Das Erkennen dieser Symptome kann der erste Schritt zum Verständnis und zur Behandlung der Borderline-Persönlichkeitsstörung sein. Es ist wichtig zu beachten, dass nicht bei jedem BPS-Betroffenen alle diese Symptome auftreten und dass ihre Intensität von Person zu Person unterschiedlich sein kann.

Häufige Missverständnisse und Mythen

Trotz des gestiegenen Bewusstseins bestehen immer noch viele Missverständnisse über BPS, die zu Stigmatisierung und Missverständnissen führen. Lassen Sie uns einige dieser Mythen entlarven und durch Fakten ersetzen:

Mythos 1: Menschen mit BPS sind „manipulativ".

<u>Tatsache:</u> Auch wenn Menschen mit BPS Verhaltensweisen an den Tag legen, die manipulativ erscheinen, sind diese Handlungen oft verzweifelte Versuche, mit überwältigenden Emotionen und Verlassenheitsängsten umzugehen. Das Verständnis der zugrunde liegenden Ursachen dieser Verhaltensweisen kann Empathie und Unterstützung fördern.

Mythos 2: BPD ist unbehandelbar.

<u>Tatsache:</u> BPS ist behandelbar und vielen Menschen mit BPS geht es mit der richtigen Therapie und Unterstützung deutlich besser. Behandlungen wie die Dialektische Verhaltenstherapie (DBT) und die Kognitive Verhaltenstherapie (CBT) haben sich als wirksam erwiesen, um Menschen dabei zu helfen, ihre Symptome zu bewältigen und ein erfülltes Leben zu führen.

Mythos 3: Nur Frauen haben BPD.

<u>Tatsache:</u> BPD betrifft sowohl Männer als auch Frauen. Während bei Frauen häufiger diagnostiziert wird, was wahrscheinlich auf soziale und kulturelle Faktoren zurückzuführen ist, sind auch Männer betroffen, bei denen jedoch möglicherweise andere Erkrankungen wie Depression oder PTBS unterdiagnostiziert oder fehldiagnostiziert werden.

Mythos 4: Menschen mit BPD befinden sich immer in einer Krise.

<u>Tatsache:</u> Während Menschen mit BPD intensive Emotionen und Krisen erleben können, führen viele ein stabiles und produktives Leben, insbesondere mit der richtigen Behandlung und Unterstützung. Es ist wichtig, über die Störung hinauszuschauen und die Stärken und das Potenzial der Person zu erkennen.

Mythos 5: BPD ist nur „Drama".

<u>Tatsache:</u> BPS ist eine schwere psychische Erkrankung, die echtes Leid verursacht. Es als Drama abzutun, untergräbt die Erfahrungen der Betroffenen und kann sie davon abhalten, die Hilfe zu suchen, die sie brauchen.

Durch die Auseinandersetzung mit diesen Mythen können wir eine mitfühlendere und fundiertere Perspektive auf BPD schaffen. Das Verständnis, dass BPD eine komplexe, vielschichtige Erkrankung ist, ist der erste Schritt zur Unterstützung derjenigen, die damit leben. In diesem Buch werden wir Strategien und Geschichten erforschen, die Widerstandsfähigkeit, Hoffnung und die Möglichkeit, trotz der Herausforderungen der Borderline-Persönlichkeitsstörung erfolgreich zu sein, hervorheben.

Denken Sie daran: Wissen ist Macht. Je mehr wir über die Borderline-Persönlichkeitsstörung wissen, desto besser sind wir in der Lage, sie effektiv zu bewältigen und die Betroffenen zu unterstützen. Egal, ob Sie dieses Buch für sich selbst oder für einen geliebten Menschen lesen: Seien Sie sich bewusst, dass Sie auf dieser Reise nicht allein sind. Gemeinsam können wir die Komplexität der Borderline-Persönlichkeitsstörung bewältigen und uns auf eine bessere, stabilere Zukunft vorbereiten.

KAPITEL 2

Die Wissenschaft hinter BPD

Das Verständnis der Wissenschaft hinter der Borderline-Persönlichkeitsstörung (BPD) ist entscheidend, um diese komplexe Erkrankung zu entmystifizieren. Als Selbsthilfe-Coach möchte ich die biologischen, psychologischen und umweltbedingten Faktoren, die zu BPD beitragen, aufschlüsseln und ihre Auswirkungen auf das Gehirn und die emotionale Regulierung untersuchen. Auf diese Weise können wir einen umfassenden Überblick über die Borderline-Persönlichkeitsstörung gewinnen, der Empathie, Verständnis und effektives Management fördert.

Biologische, psychologische und Umweltfaktoren

Schauen wir uns zunächst die Faktoren an, die zur Entwicklung einer BPS beitragen. Es ist wichtig zu erkennen, dass BPS eine vielschichtige Störung ist, die aus einer Kombination von biologischen, psychologischen und Umwelteinflüssen entsteht.

Biologische Faktoren:

Untersuchungen legen nahe, dass die Genetik eine wichtige Rolle bei der Entstehung von BPD spielt. Wenn ein nahes Familienmitglied an einer Borderline-Persönlichkeitsstörung (BPS) leidet, besteht eine höhere Wahrscheinlichkeit, an der Störung zu erkranken. Studien haben auch strukturelle und funktionelle Anomalien im Gehirn identifiziert, insbesondere in Bereichen, die Emotionen und Impulskontrolle regulieren. Beispielsweise kann die Amygdala, die Emotionen verarbeitet, überaktiv sein, während der präfrontale

Kortex, der für Entscheidungsfindung und Impulskontrolle verantwortlich ist, bei Personen mit BPS möglicherweise unteraktiv ist.

Psychologische Faktoren:

Kindheitserlebnisse, insbesondere solche mit Trauma, Missbrauch oder Vernachlässigung, stehen in engem Zusammenhang mit BPS. Diese negativen Erfahrungen können die Entwicklung eines stabilen Selbstbewusstseins und gesunder Bewältigungsmechanismen stören. Menschen mit Borderline-Persönlichkeitsstörung (BPD) kämpfen oft mit großer Angst vor dem Verlassenwerden und Schwierigkeiten beim Umgang mit Emotionen, die auf diese frühen psychischen Wunden zurückzuführen sind.

Umweltfaktoren:

Auch die Umgebung, in der man aufwächst, spielt eine entscheidende Rolle. Instabile oder chaotische

Familiendynamiken, Gewalterfahrungen und ein Mangel an unterstützenden Beziehungen können das Risiko einer Borderline-Persönlichkeitsstörung erhöhen. Umgekehrt können positive Einflüsse wie unterstützende Familienmitglieder, stabile Freundschaften und der Zugang zu Ressourcen für die psychische Gesundheit einige dieser Risiken mindern.

Der Einfluss von BPD auf das Gehirn und die emotionale Regulierung

Struktur und Funktion des Gehirns:

Wie bereits erwähnt, spielen die Amygdala und der präfrontale Kortex eine Schlüsselrolle bei BPS. Die erhöhte Aktivität der Amygdala bedeutet, dass Menschen mit BPS oft eine erhöhte Empfindlichkeit gegenüber emotionalen Reizen haben. Dies kann dazu führen, dass sich alltägliche Erfahrungen überwältigend intensiv anfühlen. Andererseits beeinträchtigt die verminderte Aktivität des präfrontalen Kortex die Fähigkeit, diese intensiven Emotionen und Impulse zu regulieren, was zu den charakteristischen Stimmungsschwankungen und impulsiven Verhaltensweisen führt, die bei BPD beobachtet werden.

Neurotransmitter:

Neurotransmitter wie Serotonin, Dopamin und Noradrenalin sind entscheidend für die Regulierung der Stimmung und die emotionale Stabilität. Bei Personen mit Borderline-Persönlichkeitsstörung kommt es häufig zu einem Ungleichgewicht dieser Chemikalien. Beispielsweise werden niedrige Serotoninspiegel mit Impulsivität und Aggression in Verbindung gebracht, während eine Dopamin-Dysregulation zu Stimmungsinstabilität und Schwierigkeiten bei der Verarbeitung von Belohnungen und Strafen beitragen kann.

Emotionale Regulierung:

Menschen mit Borderline-Persönlichkeitsstörung (BPD) haben häufig Schwierigkeiten bei der emotionalen Regulierung, einem Prozess, bei dem es darum geht, Emotionen zu erkennen, zu verstehen und zu bewältigen. Diese Herausforderung ist nicht das Ergebnis mangelnder Willenskraft oder mangelnder Anstrengung, sondern hat ihre Wurzeln tief in der Funktionsweise des Gehirns. Die Unfähigkeit, Emotionen effektiv zu regulieren, kann zu schnellen Stimmungsschwankungen führen, von intensiver Wut und Traurigkeit bis hin zu Phasen der Angst und Leere.

Neueste Forschung und Erkenntnisse

Neuere Forschungen haben neue Erkenntnisse über BPS geliefert und lassen auf ein besseres Verständnis und eine bessere Behandlung der Störung hoffen.

Genetische Forschung:

Fortschritte in der Genforschung haben spezifische Gene identifiziert, die das Risiko für die Entwicklung einer BPD erhöhen können. Diese Gene sind an der Regulierung von Emotionen und Stressreaktionen beteiligt. Das Verständnis dieser genetischen Zusammenhänge kann den Weg für gezieltere Therapien ebnen, die sich mit den biologischen Grundlagen der BPD befassen.

Untersuchungen zur Bildgebung des Gehirns:

Funktionelle und strukturelle Bildgebungsstudien des Gehirns haben wertvolle Einblicke in die neuronalen Mechanismen der BPD geliefert. Beispielsweise haben funktionelle MRT-Scans (fMRT) gezeigt, dass Personen mit BPS eine erhöhte Aktivität in der Amygdala als Reaktion auf emotionale Reize und eine verringerte Aktivität im präfrontalen Kortex bei Aufgaben, die eine Impulskontrolle erfordern, aufweisen. Diese

Ergebnisse unterstreichen die Bedeutung von Therapien, die sich auf die Emotionsregulation und Impulskontrolle konzentrieren.

Therapeutische Ansätze:

Innovative Therapieansätze werden entwickelt und erprobt. Die Dialektische Verhaltenstherapie (DBT), ursprünglich von Dr. Marsha Linehan entwickelt, ist nach wie vor eine der wirksamsten Behandlungen für BPD. DBT kombiniert kognitive Verhaltenstechniken mit Achtsamkeitsübungen, um Einzelpersonen dabei zu helfen, mit ihren Emotionen umzugehen, selbstzerstörerisches Verhalten zu reduzieren und Beziehungen zu verbessern. Jüngste Anpassungen von DBT werden maßgeschneidert, um den Bedürfnissen unterschiedlicher Bevölkerungsgruppen besser gerecht zu werden.

Pharmakologische Fortschritte:

Zwar gibt es keine spezifischen Medikamente gegen BPD, doch laufende Forschungen untersuchen den potenziellen Nutzen pharmakologischer Behandlungen zur Linderung der Symptome. Medikamente, die auf Neurotransmitter-Ungleichgewichte abzielen, wie etwa Stimmungsstabilisatoren und Antipsychotika, werden auf ihre Wirksamkeit bei der Reduzierung von Stimmungsschwankungen, Impulsivität und Aggression untersucht.

Frühintervention:

Es gibt immer mehr Hinweise darauf, dass eine frühzeitige Intervention die Ergebnisse für Personen mit BPD erheblich verbessern kann. Das Erkennen und Behandeln von Symptomen im Jugend- oder frühen Erwachsenenalter kann verhindern, dass die Störung schlimmer wird. Programme, die sich auf den Aufbau emotionaler Regulierungsfähigkeiten,

Belastbarkeit und gesunder Beziehungen bei jungen Menschen konzentrieren, zeigen vielversprechende Ergebnisse.

Das Verständnis der Wissenschaft hinter der Borderline-Persönlichkeitsstörung ist ein entscheidender Schritt zur Entmystifizierung dieser komplexen Erkrankung und zur Förderung von Empathie und effektiven Managementstrategien. Indem wir die biologischen, psychologischen und umweltbedingten Faktoren erforschen, die Auswirkungen auf das Gehirn und die emotionale Regulierung untersuchen und uns über die neuesten Forschungsergebnisse und Erkenntnisse auf dem Laufenden halten, können wir die von BPS Betroffenen besser unterstützen.

Denken Sie daran: Wissen ist ein mächtiges Werkzeug. Ganz gleich, ob Sie Ihre eigenen Erfahrungen verstehen oder einen geliebten

Menschen mit BPD unterstützen möchten: Einblicke in die Wissenschaft hinter der Störung können Sie in die Lage versetzen, proaktive Schritte in Richtung Heilung und Wachstum zu unternehmen. Während wir diese Reise gemeinsam fortsetzen, ermutige ich Sie, neugierig, mitfühlend und engagiert auf dem Weg des Verständnisses und der Widerstandsfähigkeit zu bleiben.

TEIL II

Mit Emotionen Umgehen

KAPITEL 3

Emotionales Bewusstsein

Stellen Sie sich vor, Sie wachen morgens mit einem schweren Gefühl in der Brust auf. Sie sind sich nicht sicher, warum, aber Sie fühlen sich unwohl, ängstlich oder vielleicht sogar traurig. Im Laufe des Tages beeinflusst dieses Gefühl Ihre Interaktionen, Ihre Entscheidungen und Ihr allgemeines Wohlbefinden. Dies ist eine häufige Erfahrung für viele Menschen mit Borderline-Persönlichkeitsstörung (BPD), aber die gute Nachricht ist, dass die Entwicklung eines emotionalen Bewusstseins dabei helfen kann, mit diesen intensiven Emotionen umzugehen. Als Selbsthilfe-Coach bin ich hier, um Sie durch Techniken zum Identifizieren und Verstehen Ihrer Emotionen zu führen und die Rolle der Achtsamkeit beim Erreichen emotionaler Bewusstheit hervorzuheben.

Techniken zum Identifizieren und Verstehen von Emotionen

Der erste Schritt beim Umgang mit Emotionen besteht darin, sie zu erkennen und zu verstehen. Das mag einfach erscheinen, aber für viele Menschen mit Borderline-Persönlichkeitsstörung können die Emotionen überwältigend und schwer zu lokalisieren sein. Hier sind einige wirksame Techniken, die Ihnen helfen, sich Ihrer emotionalen Landschaft bewusster zu werden:

1. Emotionsjournaling:

Das Führen eines Tagebuchs, in dem Sie regelmäßig Ihre Emotionen aufzeichnen, kann unglaublich aufschlussreich sein. Notieren Sie zunächst, was Sie zu verschiedenen Tageszeiten fühlen. Beschreiben Sie die Emotion so detailliert wie möglich. Fühlen Sie sich wütend, traurig, ängstlich oder glücklich? Versuchen Sie, tiefer zu gehen, indem Sie sich fragen, warum Sie sich möglicherweise so fühlen.

Was hat diese Emotion ausgelöst? Tagebuchschreiben kann Ihnen helfen, Muster in Ihren emotionalen Reaktionen zu erkennen und Klarheit darüber zu gewinnen, was Ihre Stimmung beeinflusst.

2. Emotionskennzeichnung:

Manchmal kann es schon einen großen Unterschied machen, den eigenen Gefühlen einen Namen zu geben. Wenn Sie eine Emotion verspüren, nehmen Sie sich einen Moment Zeit, sie zu benennen. Sagen Sie sich: „Ich bin frustriert" oder „Ich bin aufgeregt." Dieser einfache Akt der Benennung der Emotion kann eine kleine Distanz zwischen Ihnen und dem Gefühl schaffen und es Ihnen ermöglichen, es objektiver zu beobachten.

3. Körperliche Empfindungen:

Emotionen gehen oft mit körperlichen Empfindungen einher. Achten Sie darauf, wie Ihr

Körper reagiert, wenn Sie unterschiedliche Emotionen erleben. Ängste können beispielsweise mit einem rasenden Herzen, verschwitzten Handflächen oder einem Engegefühl in der Brust einhergehen. Traurigkeit kann sich als Schweregefühl in den Gliedern oder als Kloß im Hals äußern. Indem Sie sich auf diese körperlichen Signale einstellen, können Sie sich besser auf Ihren emotionalen Zustand einstellen.

4. Gedankenmuster:

Emotionen und Gedanken sind eng miteinander verbunden. Beachten Sie die Gedanken, die Ihre Gefühle begleiten. Denken Sie selbstkritisch, wenn Sie sich deprimiert fühlen? Haben Sie katastrophale Gedanken, wenn Sie Angst haben? Das Erkennen dieser Gedankenmuster kann Ihnen helfen, die Wurzeln Ihrer Emotionen zu verstehen und daran zu arbeiten, nicht hilfreiche Denkgewohnheiten zu ändern.

5. Emotionale Auslöser:

Identifizieren Sie die Situationen, Personen oder Ereignisse, die starke emotionale Reaktionen auslösen. Das kann herausfordernd, aber unglaublich wertvoll sein. Wenn Sie Ihre Auslöser kennen, können Sie emotionale Reaktionen vorhersehen und sich darauf vorbereiten, sodass Sie mehr Kontrolle darüber haben, wie Sie mit ihnen umgehen.

Die Rolle der Achtsamkeit im emotionalen Bewusstsein

Achtsamkeit ist ein wirksames Werkzeug zur Entwicklung des emotionalen Bewusstseins. Es geht darum, auf den gegenwärtigen Moment zu achten, ohne zu urteilen. Wenn Achtsamkeit regelmäßig praktiziert wird, kann sie Ihnen dabei helfen, Ihre aufkommenden Emotionen zu beobachten und ausgeglichener darauf zu reagieren.

1. Achtsames Atmen:

Eine der einfachsten Achtsamkeitstechniken ist das achtsame Atmen. Wenn Sie sich von Emotionen überwältigt fühlen, nehmen Sie sich einen Moment Zeit, um sich auf Ihren Atem zu konzentrieren. Atmen Sie langsam durch die Nase ein, halten Sie die Luft einige Sekunden lang an und atmen Sie dann durch den Mund aus. Wenn Sie sich auf Ihren Atem konzentrieren, verankern Sie sich im gegenwärtigen Moment und schaffen eine Pause zwischen der Emotion und Ihrer Reaktion.

2. Body-Scan-Meditation:

Bei einer Bodyscan-Meditation geht es darum, Ihren Körper von Kopf bis Fuß geistig zu scannen und alle Empfindungen wahrzunehmen, ohne zu versuchen, sie zu verändern. Diese Praxis hilft Ihnen, sich der physischen Manifestationen Ihrer Emotionen bewusster zu werden. Suchen Sie sich einen ruhigen Platz zum Sitzen oder Liegen, schließen Sie die

Augen und richten Sie Ihre Aufmerksamkeit langsam auf verschiedene Körperteile. Beachten Sie alle Bereiche, in denen Spannung, Entspannung, Wärme oder Unbehagen herrschen. Diese Übung kann Ihnen helfen, Ihre körperlichen Empfindungen mit Ihrem emotionalen Zustand zu verbinden.

3. Gedanken beobachten:

Bei der Achtsamkeitspraxis ist es wichtig, die eigenen Gedanken zu beobachten, ohne sich in ihnen zu verlieren. Stellen Sie sich vor, Ihre Gedanken wären wie Wolken, die durch den Himmel ziehen, oder Blätter, die einen Bach hinuntertreiben. Beobachten Sie, wie sie kommen und gehen, ohne ihnen ein Urteil oder Emotionen beizumessen. Diese Technik kann Ihnen helfen, sich von Ihren Emotionen zu distanzieren und sie klarer zu sehen.

4. Achtsame Aktivitäten:

Integrieren Sie Achtsamkeit in Ihre täglichen Aktivitäten. Egal, ob Sie essen, spazieren gehen oder sogar Geschirr spülen: Konzentrieren Sie sich auf die Empfindungen, Gerüche, Geräusche und Anblicke um Sie herum. Indem Sie bei diesen Aktivitäten vollständig präsent sind, können Sie Achtsamkeit üben und Ihr emotionales Bewusstsein stärken.

5. Mitfühlende Selbstreflexion:

Zur Achtsamkeit gehört auch die Entwicklung von Mitgefühl mit sich selbst. Wenn Sie ein schwieriges Gefühl bemerken, verurteilen Sie sich nicht dafür, sondern seien Sie freundlich und verständnisvoll. Sagen Sie sich: „Es ist in Ordnung, so zu fühlen. Emotionen sind ein natürlicher Teil des Menschseins." Dieser selbst mitfühlende Ansatz kann die Intensität negativer Emotionen reduzieren und Ihnen helfen, effektiver darauf zu reagieren.

Die Entwicklung des emotionalen Bewusstseins ist ein entscheidender Schritt bei der Bewältigung der intensiven Emotionen, die mit BPD einhergehen. Durch den Einsatz von Techniken wie Emotion Journaling, Labeling und Achtsamkeitsübungen können Sie ein tieferes Verständnis Ihrer emotionalen Landschaft erlangen. Dieses Verständnis ermöglicht es Ihnen, klarer und kontrollierter auf Ihre Emotionen zu reagieren und deren Auswirkungen auf Ihr tägliches Leben zu reduzieren.

Emotionales Bewusstsein ist eine Fähigkeit, deren Entwicklung Zeit und Übung erfordert. Seien Sie geduldig mit sich selbst und feiern Sie unterwegs kleine Erfolge. Jeder Schritt, den Sie unternehmen, um Ihre Emotionen zu verstehen, bringt Sie einem ausgeglicheneren und erfüllteren Leben näher.

KAPITEL 4

Umgang mit Intensiven Emotionen

Emotionen können wie ein Sturm sein, unvorhersehbar und überwältigend. Für Menschen mit Borderline-Persönlichkeitsstörung (BPD) können sich diese emotionalen Stürme noch intensiver und schwieriger zu bewältigen anfühlen. Aber es gibt Hoffnung. Durch das Erlernen praktischer Strategien und Erdungstechniken können Sie diese emotionalen Herausforderungen meistern und ein Gefühl der Ruhe und Kontrolle finden.

Praktische Strategien zum Umgang mit emotionaler Intensität

Es kann schwierig sein, mit intensiven Emotionen umzugehen, aber mit den richtigen Strategien können Sie sie effektiv bewältigen. Hier sind einige praktische Techniken, die Ihnen helfen, mit emotionaler Intensität umzugehen:

1. Identifizieren und beschriften Sie Ihre Emotionen:

Der erste Schritt beim Umgang mit intensiven Emotionen besteht darin, sie zu identifizieren und zu kennzeichnen. Wenn Sie sich überfordert fühlen, nehmen Sie sich einen Moment Zeit, um innezuhalten und sich zu fragen, was Sie fühlen. Bist du wütend, traurig, ängstlich oder verängstigt? Wenn Sie Ihre Emotionen benennen, können Sie die Kontrolle über sie erlangen. Wenn Sie sich zum Beispiel sagen: „Ich bin wütend wegen des Streits, den ich mit meinem Freund hatte", hilft Ihnen das, die Ursache Ihrer Emotionen zu verstehen und gibt Ihnen einen Ausgangspunkt, um sie anzugehen.

2. Nutzen Sie die „STOPP"-Fähigkeit:

Der "STOPPEN„Fähigkeit ist ein wirksames Werkzeug zur Bewältigung emotionaler Intensität. Sie steht für:

- **Stoppen:** Machen Sie eine Pause bei allem, was Sie tun, um den Teufelskreis der emotionalen Eskalation zu durchbrechen.

- **Geh einen Schritt zurück:** Entfernen Sie sich körperlich oder geistig von der Situation, um eine Perspektive zu gewinnen.

- **Beobachten:** Nehmen Sie wahr, was um Sie herum und in Ihnen passiert. Was denken, fühlen und spüren Sie in Ihrem Körper?

- **Gehen Sie achtsam vor:** Wählen Sie eine nachdenkliche Antwort, anstatt impulsiv zu reagieren.

3. Beteiligen Sie sich an entgegengesetzten Maßnahmen:

Wenn Sie eine intensive Emotion verspüren, kann es hilfreich sein, sich auf eine Aktivität einzulassen, die dem entgegengesetzt ist, was Sie fühlen. Wenn Sie sich beispielsweise traurig und zurückgezogen fühlen, versuchen Sie, etwas Aktives und Spannendes zu tun, wie zum Beispiel spazieren zu gehen oder einen Freund anzurufen. Diese Technik kann dabei helfen, Ihren emotionalen Zustand zu verändern und zu verhindern, dass Sie in negativen Gefühlen stecken bleiben.

4. Übe Selbstmitgefühl:

Intensive Emotionen können oft zu Selbstkritik und negativen Selbstgesprächen führen. Üben Sie stattdessen Selbstmitgefühl, indem Sie sich selbst mit der gleichen Freundlichkeit und dem gleichen Verständnis begegnen, das Sie einem Freund entgegenbringen würden. Erinnern Sie sich daran, dass es in Ordnung ist, intensive Emotionen zu empfinden, und dass Sie Ihr Bestes tun, um damit umzugehen. Dieser Ansatz kann dazu beitragen, die Intensität Ihrer Emotionen zu reduzieren und eine ausgewogenere Perspektive zu fördern.

5. Ablenkungstechniken anwenden:

Ablenkung kann ein nützliches Instrument zur Bewältigung emotionaler Intensität sein. Nehmen Sie an Aktivitäten teil, die Ihre Aufmerksamkeit fesseln und Ihren Fokus von Ihren Emotionen ablenken. Dazu kann es gehören, einen Film anzusehen, ein Buch zu lesen, ein Spiel zu spielen oder sich einem Hobby zu widmen. Ablenkung kann vorübergehende Linderung verschaffen und Ihnen Zeit geben, sich zu beruhigen, bevor Sie sich mit dem zugrunde liegenden Problem befassen.

Erdungs Techniken und selbst beruhigende Methoden

Erdungs-Techniken und selbst beruhigende Methoden sind wesentliche Werkzeuge zur Bewältigung intensiver Emotionen. Diese Übungen helfen Ihnen, mit dem gegenwärtigen Moment verbunden zu bleiben und Trost in emotionalen Belastungen zu spenden.

1. Erdungstechniken:

<u>5-4-3-2-1 Technik:</u>

Diese Erdungsübung hilft Ihnen, sich mit Ihrer Umgebung zu verbinden und sich von überwältigenden Emotionen abzulenken. Identifizieren:

- 5 Dinge, die Sie sehen können
- 4 Dinge, die du anfassen kannst
- 3 Dinge, die Sie hören können
- 2 Dinge, die man riechen kann

- 1 Sache, die Sie schmecken können

Indem Sie sich auf Ihre Sinne konzentrieren, können Sie sich in den gegenwärtigen Moment zurückversetzen und die Intensität Ihrer Emotionen reduzieren.

Tiefes Atmen:

Tiefes Atmen ist eine einfache, aber effektive Erdungstechnik. Setzen oder legen Sie sich in eine bequeme Position, schließen Sie die Augen und atmen Sie langsam und tief ein. Atmen Sie tief durch die Nase ein, halten Sie den Atem einige Sekunden lang an und atmen Sie dann langsam durch den Mund aus. Wiederholen Sie diesen Vorgang mehrmals, bis Sie sich ruhiger fühlen. Tiefes Atmen hilft, die Entspannungsreaktion des Körpers zu aktivieren und Stress und Angst zu reduzieren.

<u>Körperscan:</u>

Bei einem Bodyscan wird auf verschiedene Körperteile von Kopf bis Fuß geachtet. Setzen oder legen Sie sich bequem hin und konzentrieren Sie sich langsam auf jeden Teil Ihres Körpers, beginnend bei den Zehen bis hin zum Kopf. Nehmen Sie alle Empfindungen, Spannungen oder Beschwerden wahr. Diese Technik kann Ihnen helfen, sich Ihres körperlichen Zustands bewusster zu werden und Sie in den gegenwärtigen Moment zurückzubringen.

2. Selbstreinigende Methoden:

<u>Erstellen Sie ein Comfort Kit:</u>

Ein Komfort-Set ist eine Sammlung von Artikeln, die Ihnen in Zeiten von Not Trost und Entspannung bieten. Dazu kann eine weiche Decke, ein Lieblingsbuch, beruhigende Musik, Duftkerzen oder ein Stressball gehören. Wenn Sie ein Komfort-Set zur Hand haben, können Sie sich selbst beruhigen, wenn Sie sich überfordert fühlen.

<u>Aktivieren Sie Ihre Sinne:</u>

Die Nutzung Ihrer Sinne kann eine wirkungsvolle Möglichkeit sein, sich selbst zu beruhigen. Hören Sie beruhigende Musik, zünden Sie eine Duftkerze an, nehmen Sie ein warmes Bad oder wickeln Sie sich in eine kuschelige Decke. Das Einbeziehen Ihrer Sinne hilft, Ihren Geist abzulenken und sorgt für körperliches Wohlbefinden.

<u>Achtsamkeit üben:</u>

Achtsamkeit bedeutet, auf den gegenwärtigen Moment zu achten, ohne zu urteilen. Üben Sie Achtsamkeit, indem Sie sich auf Ihren Atem konzentrieren, Ihre Gedanken und Gefühle beobachten, ohne darauf zu reagieren, oder sich achtsamen Aktivitäten wie Malen oder Gartenarbeit widmen. Achtsamkeit kann Ihnen helfen, auf dem

Boden zu bleiben und die Auswirkungen intensiver Emotionen zu reduzieren.

<u>Verwenden Sie positive Affirmationen:</u>

Positive Affirmationen sind Aussagen, die die Selbstakzeptanz fördern und zu positivem Denken anregen. Erstellen Sie eine Liste mit Affirmationen, die Sie ansprechen, wie zum Beispiel „Ich bin stark und fähig", „Ich kann damit umgehen" oder „Ich verdiene Liebe und Respekt." Wiederholen Sie diese Affirmationen in schwierigen Zeiten für sich selbst, um Ihr Selbstvertrauen und Ihren Selbstwert zu stärken.

Der Umgang mit intensiven Emotionen ist eine Fähigkeit, die Übung und Geduld erfordert. Durch die Anwendung praktischer Strategien wie das Identifizieren und Benennen Ihrer Emotionen, das Einleiten gegenteiliger Maßnahmen und das Üben von Selbstmitgefühl können Sie die Kontrolle über Ihre emotionalen Reaktionen übernehmen.

Erdungs-Techniken und selbst beruhigende Methoden wie die 5-4-3-2-1-Technik, tiefes Atmen und das Erstellen eines Komfortpakets können sofortige Linderung verschaffen und Ihnen helfen, mit dem gegenwärtigen Moment verbunden zu bleiben.

Es ist in Ordnung, intensive Emotionen zu empfinden, und es ist möglich, sie effektiv zu bewältigen. Indem Sie diese Strategien in Ihren Alltag integrieren, können Sie emotionale Belastbarkeit aufbauen und die Herausforderungen der Borderline-Persönlichkeitsstörung selbstbewusst meistern. Jeder Schritt, den Sie unternehmen, um mit Ihren Emotionen umzugehen, bringt Sie einem ausgeglicheneren und erfüllten Leben näher. Bleiben Sie dieser Reise treu und seien Sie sich darüber im Klaren, dass Sie die Kraft haben, trotz der Herausforderungen der

Borderline-Persönlichkeitsstörung   erfolgreich   zu
sein.

KAPITEL 5

Effektive Kommunikation

Stellen Sie sich vor, Sie befinden sich mitten in einem hitzigen Streit mit einem geliebten Menschen. Dein Herz rast, deine Gedanken rasen und du verspürst eine Welle intensiver Gefühle, die dich zu überwältigen drohen. Für viele Menschen mit Borderline-Persönlichkeitsstörung (BPD) können Situationen wie diese überwältigend und schwierig zu bewältigen sein. Wenn Sie jedoch lernen, effektiv zu kommunizieren, können diese Konfliktmomente in Gelegenheiten für Verständnis und Verbindung umgewandelt werden.

Zu einer effektiven Kommunikation gehört es, seine Gefühle konstruktiv auszudrücken und klare Grenzen zu setzen.

Emotionen konstruktiv ausdrücken

Eine der größten Herausforderungen für Menschen mit BPD besteht darin, ihre Gefühle klar, direkt und respektvoll auszudrücken. Intensive Emotionen können manchmal zu Ausbrüchen oder Rückzug führen, was Beziehungen belasten kann. Hier sind einige Strategien, die Ihnen helfen, Ihre Gefühle konstruktiv auszudrücken:

Zunächst ist es wichtig, Ihre Gefühle zu verstehen und auszudrücken. Wenn Sie starke Emotionen verspüren, nehmen Sie sich einen Moment Zeit, um innezuhalten und darüber nachzudenken, was Sie fühlen und warum. Anstatt impulsiv zu reagieren, versuchen Sie, die spezifische Emotion zu identifizieren, die Sie gerade erleben. Wenn Sie beispielsweise wütend sind, fragen Sie sich, ob Traurigkeit, Angst oder Frustration unterschwellig zu dieser Wut beitragen. Sobald Sie Ihre Emotionen klarer verstehen, können Sie sie effektiver ausdrücken.

Wenn Sie zur Kommunikation bereit sind, verwenden Sie „Ich"-Aussagen, um Ihre Gefühle auszudrücken. Dieser Ansatz konzentriert sich auf Ihre eigene Erfahrung, anstatt der anderen Person die Schuld zu geben oder sie zu beschuldigen. Anstatt zum Beispiel zu sagen: „Du hörst mir nie zu", könntest du sagen: „Ich fühle mich ungehört, wenn ich versuche, meine Gedanken mitzuteilen." Dieser subtile Sprachwechsel kann die Abwehrhaltung verringern und einen konstruktiveren Dialog eröffnen.

Auch Timing und Setting sind entscheidend, wenn es darum geht, Emotionen auszudrücken. Wählen Sie einen Zeitpunkt, an dem sowohl Sie als auch die andere Person ruhig und empfänglich sind. Der Versuch, in einem hitzigen Moment zu kommunizieren, kann den Konflikt eskalieren lassen. Suchen Sie sich außerdem einen ruhigen, privaten Raum, in dem Sie sich ohne Ablenkung unterhalten können. Dadurch entsteht eine Umgebung, in der sich beide Parteien auf das Gespräch konzentrieren und einander zuhören können.

Zuhören ist ein ebenso wichtiger Teil einer effektiven Kommunikation. Wenn die andere Person antwortet, versuchen Sie bewusst, aktiv zuzuhören. Das bedeutet, dass Sie ihm Ihre volle Aufmerksamkeit schenken, seine Gefühle anerkennen und es vermeiden, ihn zu unterbrechen. Reflektieren Sie, was Sie gehört haben, indem Sie ihre Argumente zusammenfassen. Dies zeigt, dass Sie ihre Perspektive verstehen und bestätigt.

Durchsetzungstraining und Grenzsetzung

Durchsetzungsvermögen ist die Fähigkeit, Ihre Gedanken, Gefühle und Bedürfnisse offen und respektvoll auszudrücken, ohne passiv oder aggressiv zu sein. Für Menschen mit Borderline-Persönlichkeitsstörung kann die Entwicklung von Durchsetzungsvermögen eine transformative Fähigkeit sein, die die Selbstachtung stärkt und Beziehungen stärkt.

Zunächst ist es hilfreich, den Unterschied zwischen Durchsetzungsvermögen, Passivität und Aggression zu verstehen. Bei der passiven Kommunikation geht es darum, Ihre Bedürfnisse nicht auszudrücken und anderen nicht zu erlauben, Sie auszunutzen. Aggressive Kommunikation hingegen bedeutet, dass man seine Bedürfnisse feindselig oder respektlos zum Ausdruck bringt. Durchsetzungsvermögen schafft einen Ausgleich, indem es ehrlich und direkt ist und gleichzeitig die Rechte und Gefühle anderer respektiert.

Eine effektive Möglichkeit, Durchsetzungsvermögen zu üben, sind Rollenspiele. Stellen Sie sich ein Szenario vor, in dem Sie sich behaupten müssen, indem Sie beispielsweise einen Freund bitten, Ihre Zeit zu respektieren, oder Ihr Unbehagen über das Verhalten eines Kollegen zum Ausdruck bringen. Üben Sie, was Sie sagen würden und wie Sie es sagen würden. Konzentrieren Sie sich auf eine ruhige, klare und respektvolle Sprache. Rollenspiele können Ihnen dabei helfen, Selbstvertrauen aufzubauen und sich auf reale Situationen vorzubereiten.

Das Setzen von Grenzen ist ein entscheidender Aspekt der Durchsetzungskraft. Grenzen definieren, was akzeptables und inakzeptables Verhalten anderer ist. Sie schützen Ihr emotionales Wohlbefinden und stellen sicher, dass Ihre Bedürfnisse erfüllt werden. Um effektiv Grenzen zu setzen, ist es wichtig, klar und konkret zu sagen, was Sie brauchen. Wenn Sie zum Beispiel Zeit für sich alleine brauchen, um neue Energie zu tanken, könnten Sie sagen: „Ich brauche nach der Arbeit etwas Zeit für mich. Ich bin in einer Stunde für ein Gespräch da."

Die Kommunikation von Grenzen erfordert Konsequenz und Durchhaltevermögen. Wenn jemand Ihre Grenzen überschreitet, erinnern Sie ihn ruhig an Ihre Bedürfnisse und die Konsequenzen, wenn Sie ihn nicht respektieren. Du könntest zum Beispiel sagen: „Ich möchte, dass mein persönlicher Freiraum respektiert wird. Wenn er weiterhin ignoriert wird, muss ich mich für eine Weile von unseren Interaktionen zurückziehen." Konsistenz hilft anderen zu verstehen, dass Ihre Grenzen wichtig sind und respektiert werden müssen.

Effektive Kommunikation, Durchsetzungsvermögen und das Setzen von Grenzen sind miteinander verbundene Fähigkeiten, die Ihre Beziehungen und Ihre emotionale Gesundheit erheblich verbessern können. Indem Sie Ihre Gefühle konstruktiv ausdrücken, können Sie Missverständnisse und Konflikte reduzieren. Die Verwendung von „Ich"-Aussagen, die Wahl des richtigen Zeitpunkts und der richtigen Umgebung sowie das Üben von aktivem Zuhören sind Schlüsselstrategien für eine klare und respektvolle Kommunikation.

Um Durchsetzungsvermögen zu entwickeln und Grenzen zu setzen, müssen Sie Ihre Bedürfnisse verstehen und sie selbstbewusst und respektvoll kommunizieren. Rollenspielszenarien und die konsequente Einhaltung Ihrer Grenzen können Ihnen dabei helfen, diese Fähigkeiten im Laufe der Zeit auszubauen. Denken Sie daran: Durchsetzungsvermögen bedeutet nicht, egoistisch zu sein. Es bedeutet, sich selbst und seine Bedürfnisse wertzuschätzen und gleichzeitig andere zu respektieren.

Wenn Sie diese Fähigkeiten weiter üben, werden Sie wahrscheinlich eine positive Veränderung in Ihren Interaktionen und Beziehungen bemerken. Kommunikation ist eine Reise, und jeder Schritt, den Sie gehen, bringt Sie bedeutungsvolleren und erfüllenderen Verbindungen näher. Nehmen Sie diese Reise mit Geduld und Mitgefühl für sich selbst an und wissen Sie, dass jede Anstrengung, die Sie unternehmen, ein Schritt in Richtung eines gesünderen, ausgeglicheneren Lebens ist.

TEIL III

Resilienz Aufbauen

KAPITEL 6

Eine Wachstums Mentalität Entwickeln

Ich hatte die meiste Zeit meines Lebens mit der Borderline-Persönlichkeitsstörung (BPD) zu kämpfen. Jeder Rückschlag fühlte sich wie eine Katastrophe an und ich zweifelte oft an meiner Fähigkeit, mich zu verbessern oder erfolgreich zu sein. Doch eines Tages entdeckte ich das Konzept einer Wachstums Mentalität und es veränderte mein Leben. Durch die Kultivierung einer positiven und proaktiven Denkweise habe ich eine Widerstandskraft und Anpassungsfähigkeit gefunden, von der ich nie wusste, dass ich sie habe. In diesem Kapitel geht es darum, wie auch Sie eine Wachstums Mentalität entwickeln und deren Kraft nutzen können, um trotz der Herausforderungen der

Borderline-Persönlichkeitsstörung erfolgreich zu sein.

Die Bedeutung einer positiven und proaktiven Denkweise

Eine Wachstums Mentalität ist die Überzeugung, dass Ihre Fähigkeiten, Intelligenz und Talente im Laufe der Zeit durch Engagement und harte Arbeit weiterentwickelt werden können. Dies steht im Gegensatz zu einer festen Denkweise, die davon ausgeht, dass diese Eigenschaften statisch und unveränderlich sind. Die Annahme einer Wachstums Mentalität ist für Menschen mit Borderline-Persönlichkeitsstörung von entscheidender Bedeutung, da sie die Tür zu persönlichem Wachstum und Belastbarkeit öffnet.

Stellen Sie sich vor, Sie sehen jede Herausforderung nicht als Bedrohung, sondern als Chance zum

Lernen und Wachsen. Dieser Perspektivwechsel kann die Intensität emotionaler Reaktionen erheblich reduzieren und das Vertrauen in Ihre Fähigkeit stärken, mit den Höhen und Tiefen des Lebens umzugehen. Mit einer Wachstums Mentalität beginnen Sie, Misserfolge nicht mehr als entscheidende Momente, sondern als Sprungbrett zum Erfolg zu betrachten.

Die Übernahme einer Wachstums Mentalität bedeutete für mich, meinen internen Dialog zu ändern. Anstatt zu denken: „Ich werde nie besser mit meinen Emotionen umgehen können", begann ich mir selbst zu sagen: „Mit Übung und Geduld kann ich lernen und mich verbessern." Diese positive und proaktive Einstellung gab mir die Motivation, nach neuen Strategien und Fähigkeiten zur Bewältigung meiner BPD-Symptome zu suchen.

Strategien zur Förderung von Resilienz und Anpassungsfähigkeit

Die Entwicklung einer Wachstums Mentalität erfordert spezifische Strategien, die Resilienz und Anpassungsfähigkeit fördern. Diese Strategien können Ihnen helfen, sich von Rückschlägen zu erholen und die Herausforderungen einer Borderline-Persönlichkeitsstörung mit größerer Leichtigkeit und Selbstvertrauen zu meistern.

Einer der ersten Schritte besteht darin, Ihre negativen Selbstgespräche zu erkennen und herauszufordern. Achten Sie auf die kritische innere Stimme, die sagt, dass Sie nicht gut genug sind oder dass Sie sich nie ändern werden. Wenn Sie sich dabei ertappen, wie Sie so denken, halten Sie inne und formulieren Sie diese Gedanken neu. Wenn Sie beispielsweise denken: „Ich komme mit dieser Situation nicht klar", formulieren Sie es um in:

„Diese Situation ist schwierig, aber ich kann Wege finden, damit umzugehen." Dieser Denkweise hilft Ihnen, Herausforderungen mit einer problemlösenden Denkweise und nicht mit einer defätistischen Haltung anzugehen.

Ich persönlich habe festgestellt, dass das Setzen realistischer, erreichbarer Ziele ein weiterer Schlüssel zur Entwicklung von Resilienz ist. Anstatt mich mit dem Druck zu überfordern, über Nacht drastische Veränderungen vorzunehmen, setze ich mir kleine, überschaubare Ziele. Zum Beispiel habe ich mich zunächst darauf konzentriert, jeden Tag fünf Minuten lang Achtsamkeit zu üben. Nach und nach steigerte ich die Dauer und integrierte mehr Achtsamkeitstechniken in meinen Alltag. Das Feiern dieser kleinen Siege hat mir geholfen, mein Selbstvertrauen zu stärken und meine Wachstums Mentalität zu stärken.

Eine weitere wichtige Strategie besteht darin, den Prozess des Lernens und des Wachstums anzunehmen. Machen Sie sich bewusst, dass Fortschritte nicht immer linear verlaufen und dass Rückschläge ein natürlicher Teil der Reise sind. Wenn ich mit Rückschlägen konfrontiert wurde, erinnerte ich mich daran, dass dies Gelegenheiten zum Lernen und zur Verbesserung waren. Ich betrachtete Fehler eher als wertvolles Feedback als als Misserfolge. Diese Perspektive ermöglichte es mir, belastbar und anpassungsfähig zu bleiben, auch wenn die Dinge nicht wie geplant liefen.

Wenn Sie sich mit einer unterstützenden Gemeinschaft umgeben, kann dies auch Ihre Wachstums Mentalität stärken. Vernetzen Sie sich mit anderen, die Ihr Potenzial fördern und an es glauben. Teilen Sie Ihre Erfahrungen und lernen Sie von ihnen. Ich schloss mich einer Selbsthilfegruppe für Menschen mit Borderline-Persönlichkeitsstörung an und fand dort Ermutigung, Rat und Verständnis von anderen, die sich auf einer ähnlichen Reise befanden. Dieses Gemeinschaftsgefühl hat mir geholfen, mich weniger allein zu fühlen und motivierter, weiter an meiner persönlichen Weiterentwicklung zu arbeiten.

Zur Entwicklung von Resilienz und Anpassungsfähigkeit gehört auch das Üben von Selbstmitgefühl. Seien Sie freundlich zu sich selbst, wenn die Dinge nicht wie erwartet laufen. Anstatt sich selbst für vermeintliche Fehler zu beschimpfen, zeigen Sie sich selbst das gleiche Gefühl, das Sie einem Freund entgegenbringen würden. Erkennen Sie, dass jeder Fehler macht und dass Sie Ihr Bestes geben. Ich lernte, mit sanftem Verständnis mit mir selbst umzugehen, was meine selbstkritischen Tendenzen verringerte und es mir ermöglichte, mich schneller von Rückschlägen zu erholen.

Die Entwicklung einer wachstumsorientierten Denkweise ist ein wirksames Instrument, um mit BPD erfolgreich zu sein. Durch eine positive und proaktive Denkweise können Sie Herausforderungen in Wachstumschancen verwandeln und Widerstandskraft und Anpassungsfähigkeit aufbauen. Erinnern Sie sich an meine Reise: wie ich meinen internen Dialog veränderte, erreichbare Ziele setzte, den Lernprozess annahm und Unterstützung von einer Community suchte. Sie können das Gleiche tun.

Beginnen Sie damit, Ihre negativen Selbstgespräche in Frage zu stellen und Ihre Gedanken neu zu formulieren. Setzen Sie sich kleine, realistische Ziele und feiern Sie dabei Ihre Fortschritte. Nehmen Sie Rückschläge als Lerngelegenheiten an und üben Sie sich in Selbstmitgefühl. Umgeben Sie sich mit unterstützenden Menschen, die an Ihr Potenzial glauben.

Wenn Sie eine wachstumsorientierte Denkweise entwickeln, werden Sie feststellen, dass sich Ihre Fähigkeit, BPS-Symptome zu bewältigen, verbessert und Ihr Selbstvertrauen wächst. Sie werden widerstandsfähiger, anpassungsfähiger und fähiger, sich den Herausforderungen des Lebens direkt zu stellen. Denken Sie daran, dass die Entwicklung einer Wachstumsmentalität eine Reise ist und jeder Schritt, den Sie unternehmen, Sie einem erfüllteren und selbstbewussteren Leben näher bringt. Glauben Sie weiterhin an Ihr Potenzial und wissen Sie, dass Sie trotz der Herausforderungen der Borderline-Persönlichkeitsstörung die Kraft haben, erfolgreich zu sein.

KAPITEL 7

Selbstmitgefühl und Selbstfürsorge

Ich nutze mich immer noch als Fallstudie und war eine Person mit Borderline-Persönlichkeitsstörung (Borderline Personality Disorder, BPS), die jahrelang mit intensiver Selbstkritik und Gefühlen der Wertlosigkeit zu kämpfen hatte. Jeder Fehler fühlte sich wie ein persönliches Versagen an und der emotionale Aufruhr war unerbittlich. Aber meine Reise nahm eine positive Wendung, als sie die Kraft von Selbstmitgefühl und Selbstfürsorge entdeckten.

Die Bedeutung von Selbstmitgefühl bei der Heilung

Selbstmitgefühl bedeutet, sich selbst mit der gleichen Freundlichkeit, dem gleichen Verständnis und der gleichen Unterstützung zu behandeln, die

Sie einem Freund entgegenbringen würden. Für Menschen mit Borderline-Persönlichkeitsstörung kann dies eine radikale Veränderung sein, da die Störung oft zu scharfer Selbstbeurteilung und Kritik führt. Bei Selbstmitgefühl geht es nicht darum, schädliches Verhalten zu entschuldigen oder sich der Verantwortung zu entziehen; Es geht darum, Ihre Schwierigkeiten mit Empathie und dem Wunsch nach Verbesserung anzuerkennen.

Als ich zum ersten Mal auf die Idee des Selbst Mitgefühls stieß, fühlte es sich fremd an. Sie waren es gewohnt, sich wegen jedes wahrgenommenen Versagens selbst zu verurteilen. Doch als sie anfingen, Selbstmitgefühl zu üben, bemerkten sie eine bedeutende Veränderung. Anstatt in Scham und Selbsthass zu verfallen, begann ich, neugierig und freundlich mit ihren Gefühlen umzugehen. Sie würden sich sagen: „Es ist in Ordnung, so zu fühlen.“ Ich gebe mein Bestes und verdiene Verständnis und Fürsorge.“

Einer der Schlüsselaspekte des Selbst Mitgefühls ist Achtsamkeit, bei der es darum geht, mit seinen Gefühlen präsent zu sein, ohne zu urteilen. Für mich bedeutete das, ihren Schmerz anzuerkennen, ohne ihn zu unterdrücken oder zu leugnen. Sie lernten, mit ihren Gefühlen zurechtzukommen und sie als Teil der menschlichen Erfahrung und nicht als persönliche Fehler zu verstehen. Dieser achtsame Ansatz ermöglichte es mir, ihre Emotionen effektiver zu verarbeiten und die Intensität ihrer emotionalen Reaktionen zu verringern.

Ein weiteres entscheidendes Element des Selbst Mitgefühls ist die gemeinsame Menschlichkeit. Wenn Sie verstehen, dass Leiden und Unvollkommenheit Teil der gemeinsamen menschlichen Erfahrung sind, erkennen Sie, dass Sie mit Ihren Problemen nicht allein sind. Es tröstete mich, zu wissen, dass auch andere vor ähnlichen Herausforderungen standen und dass es in Ordnung war, Unterstützung zu suchen. Dieses Gefühl der Verbundenheit verringerte das Gefühl der Isolation und erhöhte ihre Bereitschaft, bei Bedarf um Hilfe zu bitten.

Praktische Selbstpflege Routinen und -gewohnheiten

Unter Selbstfürsorge versteht man das Ergreifen bewusster Maßnahmen zur Erhaltung und Verbesserung Ihrer körperlichen, geistigen und emotionalen Gesundheit. Es handelt sich nicht um eine Einheitslösung, sondern um einen individuellen Ansatz zur Selbstförderung. Für mich war die Entwicklung praktischer Selbstpflege Routinen und -gewohnheiten ein Wendepunkt bei der Bewältigung ihrer BPD-Symptome und der Verbesserung ihres allgemeinen Wohlbefindens.

Ein grundlegender Aspekt der Selbstfürsorge ist die Festlegung eines Tagesablaufs, der Aktivitäten zur Förderung der Gesundheit und Entspannung umfasst. Ich begann damit, einfache Praktiken in ihren Alltag zu integrieren, wie zum Beispiel:

1. Morgen Achtsamkeit:
Jeden Morgen nehme ich mir 10 Minuten Zeit für die Achtsamkeitsmeditation. Ruhiges Sitzen und die Konzentration auf den Atem halfen ihnen, den Tag ruhig und zentriert zu beginnen. Diese Praxis reduzierte die Morgenangst und sorgte für eine positive Stimmung für den Rest des Tages.

2. Körperliche Aktivität:
Regelmäßige Bewegung wurde zu einem Eckpfeiler meiner Selbstfürsorgeroutine. Ob ein flotter

Spaziergang, eine Yoga-Sitzung oder ein Tanzkurs –
körperliche Aktivität half dabei, aufgestaute Energie
freizusetzen und die Stimmung zu verbessern. Ich
habe herausgefunden, dass bereits kurze
Trainingseinheiten den Stress deutlich reduzieren
und das Wohlbefinden steigern können.

3. Nahrhafte Ernährung:

Ich habe mich bewusst darum bemüht, ihren Körper
mit gesunden Lebensmitteln zu ernähren. Sie fanden
heraus, dass ausgewogene Mahlzeiten mit viel Obst,
Gemüse und Vollkornprodukten nachhaltig Energie
lieferten und ihre geistige Klarheit verbesserten.
Eine ausreichende Flüssigkeitszufuhr und die
Einschränkung der Koffein- und Zuckeraufnahme
machten auch einen spürbaren Unterschied in der
Leistungsstabilität.

4. Kreativer Ausdruck:

Die Beschäftigung mit kreativen Aktivitäten wie Malen, Schreiben oder Musizieren wurde zu einem wesentlichen Bestandteil meiner Selbstfürsorge. Diese Möglichkeiten ermöglichten es ihnen, ihre Gefühle konstruktiv auszudrücken und vermittelten ein Erfolgserlebnis und Freude. Mir fiel auf, dass Kreativität ihnen dabei half, komplexe Gefühle zu verarbeiten und emotionale Überwältigung zu reduzieren.

5. Soziale Verbindung:

Der Aufbau und die Pflege unterstützender Beziehungen waren für meine emotionale Gesundheit von entscheidender Bedeutung. Sie legten Wert darauf, regelmäßig mit Freunden und Angehörigen in Kontakt zu treten, sei es durch Telefonanrufe, Video-Chats oder persönliche Besuche. Der Erfahrungsaustausch und die emotionale Unterstützung anderer halfen mir, mich verstanden und weniger allein zu fühlen.

6. Ruhe und Entspannung:

Da ich erkannte, wie wichtig Ruhe ist, legte ich großen Wert darauf, jede Nacht ausreichend Schlaf zu bekommen. Sie etablieren eine entspannende Schlafenszeit Routine, die Aktivitäten wie Lesen, beruhigende Musik hören oder ein warmes Bad nehmen umfasste. Ausreichender Schlaf verbesserte deutlich ihre Stimmung und ihre Fähigkeit, mit dem täglichen Stress umzugehen.

7. Grenzen setzen:

Für meine Selbstfürsorge war es von entscheidender Bedeutung, zu lernen, gesunde Grenzen zu setzen und aufrechtzuerhalten. Sie übten, Nein zu Aktivitäten oder Verpflichtungen zu sagen, die sich überwältigend anfühlen, und verschafften sich Zeit für sich selbst. Diese Praxis trug dazu bei,

Burnout-Gefühle zu reduzieren und stellte sicher, dass sie die Energie hatten, sich auf ihr Wohlbefinden zu konzentrieren.

Selbstmitgefühl und Selbstfürsorge sind nicht nur Konzepte; Dabei handelt es sich um transformative Praktiken, die Ihre Fähigkeit zur Bewältigung einer Borderline-Persönlichkeitsstörung erheblich verbessern und Ihre Lebensqualität verbessern können. Indem Sie sich selbst mit Freundlichkeit und Verständnis begegnen, wie ich es getan habe, können Sie den Teufelskreis der Selbstkritik durchbrechen und einen näheren Ansatz für Ihre emotionale Gesundheit verfolgen.

Die Integration praktischer Selbstpflege Routinen in Ihren Alltag kann eine Grundlage für Stabilität und Belastbarkeit schaffen. Beginnen Sie mit kleinen, überschaubaren Veränderungen und entwickeln Sie nach und nach Gewohnheiten, die Ihr körperliches, geistiges und emotionales Wohlbefinden unterstützen. Denken Sie daran, dass Selbstfürsorge eine persönliche Reise ist und es wichtig ist, herauszufinden, was für Sie am besten funktioniert.

KAPITEL 8

Aufbau gesunder Beziehungen

Der Aufbau gesunder Beziehungen ist ein Grundstein für emotionales Wohlbefinden und Belastbarkeit, insbesondere für Menschen mit Borderline-Persönlichkeitsstörung (BPD). Beziehungen können je nach Art entweder erhebend oder erschöpfend sein. In diesem Kapitel untersuchen wir, wie man toxische Beziehungen erkennt und notwendige Grenzen setzt, während wir uns auf die Pflege unterstützender und positiver Verbindungen konzentrieren.

Toxische Beziehungen erkennen und Grenzen setzen

Toxische Beziehungen sind solche, die Ihr Wohlbefinden und Ihren Selbstwert nachhaltig untergraben. Das Erkennen dieser Beziehungen ist der erste Schritt zur Förderung eines gesünderen sozialen Umfelds. Hier sind einige Merkmale toxischer Beziehungen:

- **Konsequente Negativität:** Wenn jemand Ihre Gefühle ständig kritisiert, herabsetzt oder entkräftet, ist das ein Warnsignal. Gesunde Beziehungen sollten gegenseitigen Respekt und konstruktive Unterstützung beinhalten.

- **Manipulation und Kontrolle:** Giftige Menschen versuchen oft, ihre Handlungen, Gedanken oder Gefühle zu kontrollieren. Möglicherweise nutzen sie Schuldgefühle, Scham oder Angst, um sie dazu zu manipulieren, das zu tun, was sie wollen.

- **Mangel an Empathie:** Wenn eine Person wenig bis gar kein Verständnis oder Interesse für Ihre Gefühle und Bedürfnisse zeigt, kann dies zu einer emotional belastenden Umgebung führen.

- **Volatilität:** Beziehungen, die durch häufige Streitereien, dramatische Stimmungsschwankungen oder passiv-aggressives Verhalten gekennzeichnet sind, können anstrengend und schädlich sein.

Das Erkennen dieser Zeichen ist von entscheidender Bedeutung. Sobald Sie eine toxische Beziehung identifiziert haben, ist das Setzen von Grenzen der nächste wichtige Schritt. Grenzen sind Grenzen, die Sie setzen, um Ihr Wohlbefinden und Ihren persönlichen Freiraum zu schützen. So können Sie effektiv Grenzen setzen und einhalten:

1. Seien Sie klar und konkret: Teilen Sie der anderen Person klar und deutlich Ihre Grenzen mit.

Machen Sie keine vagen Aussagen, sondern sagen Sie konkret, welche Verhaltensweisen inakzeptabel sind und was Sie von der Beziehung erwarten. Sagen Sie zum Beispiel: „Ich möchte, dass Sie respektvoll mit mir sprechen und vermeiden, während unserer Gespräche lauter zu werden."

2. Seien Sie konsequent: Konsistenz ist der Schlüssel zur Durchsetzung von Grenzen. Wenn Sie eine Grenze festlegen, diese aber nicht einhalten, wird die Meldung gesendet, dass die Grenze nicht schwerwiegend ist. Halten Sie Ihre Grenzen konsequent ein, um sicherzustellen, dass diese respektiert werden.

3. Verwenden Sie „Ich"-Aussagen: Wenn Sie über Grenzen sprechen, verwenden Sie „Aussagen", um sich auf Ihre Gefühle und Bedürfnisse zu konzentrieren, anstatt der anderen Person die Schuld zu geben. Sagen Sie zum Beispiel: „Es ist mir

unangenehm, wenn Sie mich öffentlich kritisieren."
"Ich möchte, dass Sie Ihre Bedenken privat ansprechen."

4. Bleiben Sie ruhig und gelassen: Beim Setzen von Grenzen ist es wichtig, ruhig und gelassen zu bleiben. Emotionale Ausbrüche können Konflikte eskalieren und eine effektive Kommunikation erschweren.

5. Seien Sie auf Widerstand vorbereitet: Manche Menschen widersetzen sich möglicherweise Ihren Grenzen oder stellen sie in Frage. Bleiben Sie standhaft und wiederholen Sie Ihre Bedürfnisse ruhig. Denken Sie daran, dass es beim Setzen von Grenzen darum geht, Ihr Wohlbefinden zu schützen und nicht darum, andere zu kontrollieren.

Unterstützende und positive Verbindungen pflegen

Während es wichtig ist, toxische Beziehungen zu erkennen und zu bewältigen, ist es ebenso wichtig, unterstützende und positive Beziehungen zu pflegen. Positive Beziehungen können emotionale Unterstützung bieten, Ihr Zugehörigkeitsgefühl stärken und Ihr allgemeines Wohlbefinden verbessern. So pflegen und pflegen Sie gesunde Beziehungen:

1. Wählen Sie unterstützende Personen: Umgeben Sie sich mit Menschen, die Sie respektieren, Ihre Bedürfnisse verstehen und Ihr Wachstum fördern. Diese Personen sind einfühlsam, zuverlässig und kümmern sich wirklich um Ihr Wohlergehen.

2. Offen kommunizieren: Offene und ehrliche Kommunikation ist die Grundlage jeder gesunden

Beziehung. Teilen Sie Ihre Gedanken, Gefühle und Bedürfnisse mit Ihren Freunden und Angehörigen. Ermutigen Sie sie, dasselbe zu tun. Dieser gegenseitige Austausch fördert Vertrauen und Verständnis.

3. Üben Sie aktives Zuhören: Zuhören ist in einer Beziehung genauso wichtig wie Sprechen. Wenn jemand mit Ihnen spricht, schenken Sie ihm Ihre volle Aufmerksamkeit. Vermeiden Sie es zu unterbrechen und zeigen Sie Empathie, indem Sie ihre Gefühle anerkennen. Aktives Zuhören zeigt, dass Sie die Perspektive der anderen Person wertschätzen und respektieren.

4. Wertschätzung zeigen: Drücken Sie den Menschen in Ihrem Leben regelmäßig Dankbarkeit und Wertschätzung aus. Kleine Gesten, wie ein Dankeschön oder die Anerkennung ihrer

Unterstützung, können Ihre Bindung stärken und anderen das Gefühl geben, geschätzt zu werden.

5. Verbringen Sie wertvolle Zeit: Bemühen Sie sich, wertvolle Zeit mit unterstützenden Personen zu verbringen. Nehmen Sie an Aktivitäten teil, die Ihnen beiden Spaß machen, sei es spazieren gehen, einen Kaffee trinken oder einfach nur reden. Gemeinsame Erlebnisse schaffen bleibende Erinnerungen und vertiefen Ihre Verbindung.

6. Seien Sie unterstützend: Gesunde Beziehungen beruhen auf Gegenseitigkeit. Seien Sie in Zeiten der Not für Ihre Freunde und Lieben da. Bieten Sie ein offenes Ohr, eine helfende Hand oder ermutigende Worte an. Unterstützend zu sein stärkt nicht nur Ihre Beziehung, sondern schafft auch ein Gefühl von gegenseitigem Vertrauen und Zuverlässigkeit.

7. Unterschiede respektieren: Jeder Mensch ist einzigartig und der Respekt vor Unterschieden ist entscheidend für eine gesunde Beziehung. Akzeptieren Sie, dass andere möglicherweise andere Meinungen, Werte und Vorgehensweisen haben. Der Respekt vor diesen Unterschieden fördert ein harmonisches und akzeptierendes Umfeld.

8. Konflikte konstruktiv lösen: Konflikte sind ein natürlicher Teil jeder Beziehung. Entscheidend ist, wie Sie damit umgehen. Gehen Sie Konflikte eher problemlösend als konfrontativ an. Konzentrieren Sie sich darauf, Lösungen zu finden, die für beide Seiten funktionieren, anstatt den Streit zu gewinnen.

9. Suchen Sie bei Bedarf professionelle Hilfe auf: Manchmal kann der Aufbau und die Aufrechterhaltung gesunder Beziehungen eine Herausforderung sein, insbesondere wenn Sie bereits Erfahrungen gemacht haben, die sich auf Ihre

Interaktionen auswirken. Zögern Sie nicht, die Hilfe eines Therapeuten oder Beraters in Anspruch zu nehmen. Sie können wertvolle Erkenntnisse und Strategien zur Verbesserung Ihrer Beziehungen liefern.

Zum Aufbau gesunder Beziehungen gehört sowohl das Erkennen und Bewältigen toxischer Verbindungen als auch die Pflege unterstützender Verbindungen. Indem Sie klare Grenzen setzen, offen kommunizieren und Empathie und Respekt üben, können Sie ein Beziehungsnetzwerk aufbauen, das Ihr emotionales Wohlbefinden steigert und Sie auf Ihrem Weg mit BPS unterstützt. Denken Sie daran, dass Sie Beziehungen verdienen, die Sie ermutigen und stärken. Behalten Sie diese Strategien im Hinterkopf, wenn Sie Ihre sozialen Interaktionen steuern, und Sie werden feststellen, dass gesunde, positive Beziehungen in Ihrer Reichweite liegen.

TEIL IV

Ein erfülltes Leben führen

KAPITEL 9

Sinn und Zweck finden

Für ein erfülltes Leben ist es wichtig, Sinn und Zweck im Leben zu finden, insbesondere bei der Behandlung einer Borderline-Persönlichkeitsstörung (Borderline Personality Disorder, BPS). Zielstrebigkeit kann Orientierung, Motivation und Belastbarkeit bieten und Ihnen dabei helfen, die Komplexität Ihrer Emotionen und Erfahrungen zu bewältigen.

Techniken zur Entdeckung persönlicher Leidenschaften und Ziele

Die Entdeckung Ihrer Leidenschaften und Ziele beginnt mit Selbsterforschung und Reflexion. Hier sind einige Techniken, die Ihnen helfen, herauszufinden, was Ihnen wirklich wichtig ist:

1. Denken Sie über vergangene Freuden und Erfolge nach: Denken Sie an die Aktivitäten und Erfahrungen, die Ihnen in der Vergangenheit am meisten Freude und Zufriedenheit bereitet haben. Was hast du gemacht? Bei wem warst Du? Warum stachen diese Momente heraus? Diese Reflexion kann wertvolle Hinweise auf Ihre Leidenschaften liefern.

2. Identifizieren Sie Ihre Grundwerte: Grundwerte sind die Prinzipien, die Ihre Entscheidungen und Handlungen leiten. Sie spiegeln wider, was Ihnen am wichtigsten ist. Nehmen Sie sich etwas Zeit, um über Ihre Grundwerte nachzudenken. Ist es Kreativität, anderen helfen, lernen oder etwas anderes? Wenn Sie Ihre Grundwerte verstehen, können Sie Ihre Leidenschaften mit Ihren Zielen in Einklang bringen.

3. Experimentieren und erkunden: Haben Sie keine Angst, neue Dinge auszuprobieren. Nehmen Sie ein neues Hobby auf, engagieren Sie sich ehrenamtlich für eine Sache, die Ihnen am Herzen liegt, oder treten Sie einem Verein bei. Durch das Experimentieren mit verschiedenen Aktivitäten können Sie herausfinden, was Sie anspricht und wofür Sie eine Leidenschaft haben.

4. Hören Sie auf Ihre Intuition: Manchmal kann Ihr Bauchgefühl oder Ihre Intuition Sie zu Ihren Leidenschaften führen. Achten Sie darauf, was Sie begeistert oder wozu Sie sich hingezogen fühlen, auch wenn es zunächst keinen logischen Sinn ergibt.

5. Holen Sie Feedback von anderen ein: Manchmal können andere unsere Stärken und Leidenschaften klarer erkennen als wir. Fragen Sie Freunde, Familie oder Kollegen, worin Sie ihrer Meinung nach gut sind und was Ihnen ihrer

Meinung nach Spaß macht. Ihre Erkenntnisse können wertvolle Perspektiven liefern.

6. Tagebuch und Reflexion: Das Aufschreiben Ihrer Gedanken, Gefühle und Erfahrungen kann Ihnen helfen, Klarheit zu gewinnen. Wenn Sie ein Tagebuch darüber führen, was Ihnen Spaß macht, worauf Sie neugierig sind und was Sie erreichen möchten, können Sie verborgene Leidenschaften und Ziele aufdecken.

7. Nehmen Sie sich Zeit für die Selbstbeobachtung: Wenn Sie sich regelmäßig ruhige Zeiten für die Selbstbeobachtung nehmen, können Sie sich mit Ihrem inneren Selbst verbinden. Meditieren Sie, machen Sie lange Spaziergänge oder sitzen Sie einfach still da und denken Sie über Ihr Leben, Ihre Wünsche und Bestrebungen nach.

Sobald Sie Ihre Leidenschaften und Ziele identifiziert haben, ist es wichtig, diese mit Ihrem täglichen Handeln in Einklang zu bringen. Diese Ausrichtung stellt sicher, dass Ihr Alltag zu Ihren langfristigen Zielen beiträgt und ein Gefühl von Sinn und Erfüllung schafft.

Tägliches Handeln mit langfristigen Zielen in Einklang bringen

Um Ihr tägliches Handeln an Ihren langfristigen Zielen auszurichten, müssen Sie einen Fahrplan erstellen, der Ihre Leidenschaften in Ihren Alltag integriert. So können Sie es machen:

1. Setzen Sie sich klare und erreichbare Ziele: Teilen Sie Ihre langfristigen Ziele in kleinere, überschaubare Ziele auf. Diese Ziele sollten spezifisch, messbar, erreichbar, relevant und terminiert sein **(SCHLAU)**. Wenn Ihr langfristiges Ziel beispielsweise darin besteht, ein ausgebildeter Maler zu werden, könnte ein kurzfristiges Ziel darin bestehen, innerhalb von drei Monaten einen Malkurs abzuschließen.

2. Erstellen Sie ein Vision Board: Durch die Visualisierung Ihrer Ziele können diese greifbarer werden und Sie zum Handeln motivieren. Erstellen Sie ein Vision Board mit Bildern, Zitaten und Symbolen, die Ihre Leidenschaften und Wünsche darstellen. Platzieren Sie es an einem Ort, den Sie täglich sehen, als ständige Erinnerung an Ihr Ziel.

3. Entwickeln Sie eine tägliche Routine: Integrieren Sie Aktivitäten, die Ihren Leidenschaften entsprechen, in Ihren Alltag. Wenn Sie einen Roman schreiben möchten, nehmen Sie sich jeden Tag eine bestimmte Zeit zum Schreiben. Beständigkeit ist der Schlüssel, um Fortschritte zu machen und mit Ihren Zielen in Verbindung zu bleiben.

4. Priorisieren Sie die Selbstfürsorge: Um motiviert und konzentriert zu bleiben, ist es wichtig, auf Ihr geistiges, emotionales und körperliches Wohlbefinden zu achten. Stellen Sie sicher, dass Ihre Routine Zeit für Ruhe, Entspannung und Aktivitäten enthält, die Sie aufladen. Dieses Gleichgewicht wird Ihnen helfen, die Energie und den Enthusiasmus aufrechtzuerhalten, die Sie für die Verfolgung Ihrer Leidenschaften benötigen.

5. Bleiben Sie flexibel und anpassungsfähig: Das Leben ist unvorhersehbar und manchmal ändern sich Pläne. Bleiben Sie flexibel und anpassungsfähig und erlauben Sie sich, Ihre Ziele und Maßnahmen nach Bedarf anzupassen. Diese Flexibilität stellt sicher, dass Sie Ihrem Ziel treu bleiben, auch wenn sich die Umstände ändern.

6. Feiern Sie kleine Erfolge: Erkennen und feiern Sie Ihre Fortschritte, egal wie klein sie sind. Die Anerkennung Ihrer Erfolge, auch der geringfügigen, kann Ihre Motivation steigern und Ihr Engagement für Ihre Ziele verstärken.

7. Suchen Sie nach Unterstützung und Verantwortung: Teilen Sie Ihre Ziele mit unterstützenden Freunden, der Familie oder einem Mentor. Jemanden zu haben, der Sie ermutigt und zur Verantwortung zieht, kann auf Ihrem Weg einen großen Unterschied machen. Sie können bei Bedarf Motivation, Anleitung und eine andere Perspektive bieten.

8. Regelmäßig nachdenken und neu bewerten: Nehmen Sie sich regelmäßig Zeit, um über Ihre Fortschritte nachzudenken und Ihre Ziele neu zu bewerten. Entspricht Ihr tägliches Handeln noch Ihren langfristigen Zielen? Sind Ihre Ziele für Sie noch von Bedeutung? Diese Reflexion hilft Ihnen, auf dem richtigen Weg zu bleiben und notwendige Anpassungen vorzunehmen.

Das Finden von Sinn und Zweck im Leben ist ein wirksames Mittel gegen die Herausforderungen der Borderline-Persönlichkeitsstörung. Indem Sie Ihre persönlichen Leidenschaften entdecken und Ihr tägliches Handeln an Ihren langfristigen Zielen ausrichten, können Sie ein Leben voller Orientierung, Motivation und Erfüllung schaffen. Denken Sie daran, dass diese Reise für Sie zutiefst persönlich und einzigartig ist. Nehmen Sie sich die Zeit, zu erkunden, zu experimentieren und darüber nachzudenken, was Ihnen wirklich wichtig ist.

KAPITEL 10

Ziele setzen und erreichen

Das Setzen und Erreichen von Zielen ist eine entscheidende Fähigkeit, insbesondere für Menschen mit einer Borderline-Persönlichkeitsstörung (Borderline Personality Disorder, BPD). Ziele geben Ihnen Orientierung und Sinn und helfen Ihnen, mit größerer Klarheit und Entschlossenheit durch die Höhen und Tiefen des Lebens zu navigieren. In diesem Kapitel werden wir das untersuchen **SCHLAU** Zielsetzung Rahmen, der Ihnen einen strukturierten Ansatz zur Definition und Erreichung Ihrer Ziele bietet. Darüber hinaus beschäftigen wir uns mit Strategien zur Überwindung von Hindernissen und zur Aufrechterhaltung der Motivation, um sicherzustellen, dass Ihr Weg zum Erfolg stabil und erfüllend bleibt.

Das SMART-Zielsetzungs-Framework

Beim Setzen von Zielen geht es nicht nur darum, zu entscheiden, was Sie erreichen möchten. Es geht darum, einen klaren, umsetzbaren Plan zu erstellen, der Sie zum gewünschten Ergebnis führt. Der **SCHLAU** Framework ist dafür ein hervorragendes Werkzeug, da es sicherstellt, dass Ihre Ziele klar definiert und erreichbar sind. **SCHLAU** steht für Specific, Measurable, Achievable, Relevant und Time-bound.

1. Spezifisch: Ihr Ziel sollte klar und spezifisch sein. Vage Ziele sind schwer zu erreichen, weil sie keine klare Richtung vorgeben. Anstatt zu sagen: „Ich möchte gesünder sein", erklären Sie, was das für Sie bedeutet. Zum Beispiel: „Ich möchte jeden Tag 30 Minuten trainieren."

2. Messbar: Ein messbares Ziel ermöglicht es Ihnen, Ihre Fortschritte zu verfolgen und motiviert

zu bleiben. Es beantwortet Fragen wie „Wie viel?"
oder „Wie viele?" und „Woher weiß ich, wann es
geschafft ist?" Anhand des vorherigen Beispiels
könnten Sie Ihren Fortschritt messen, indem Sie ein
tägliches Übungsprotokoll führen.

3. Erreichbar: Um erfolgreich zu sein, sollte Ihr
Ziel realistisch und erreichbar sein. Auch wenn es
gut ist, sich selbst herauszufordern, kann das Setzen
eines zu ehrgeizigen Ziels zu Frustration und
Enttäuschung führen. Bewerten Sie Ihre aktuelle
Situation und setzen Sie sich ein Ziel, das Ihre
Fähigkeiten übersteigt, aber dennoch machbar ist.

4. Relevant: Ihr Ziel sollte Ihnen wichtig sein und
mit Ihren anderen Lebenszielen übereinstimmen.
Stellen Sie sicher, dass es etwas ist, das Sie wirklich
erreichen möchten und dass es für Ihre
umfassenderen Ziele relevant ist. Beispielsweise
sollte tägliches Training mit Ihrem übergeordneten

Ziel, Ihre allgemeinen Gesundheit zu verbessern, im Einklang stehen.

5. Zeitgebunden: Für jedes Ziel ist ein Zieldatum erforderlich. Sie haben also eine Frist, auf die Sie sich konzentrieren können, und etwas, auf das Sie hinarbeiten können. Dieser Teil der **SCHLAU** Zielrahmen hilft zu verhindern, dass alltägliche Aufgaben Vorrang vor Ihren langfristigen Zielen haben. Zum Beispiel: „Ich möchte in den nächsten drei Monaten jeden Tag 30 Minuten trainieren."

Hindernisse überwinden und die Motivation aufrechterhalten

Selbst mit einem klar definierten Ziel werden Sie zwangsläufig auf Hindernisse stoßen. Diese Herausforderungen können Ihren Fortschritt zunichte machen, wenn sie nicht effektiv gemanagt werden. So überwinden Sie diese Hindernisse und bewahren Ihre Motivation während Ihrer Zielsetzung Reise:

1. Herausforderungen antizipieren: Bevor Sie überhaupt anfangen, auf Ihr Ziel hinzuarbeiten, nehmen Sie sich etwas Zeit, um mögliche Herausforderungen vorherzusehen. Auf welche Hindernisse könnten Sie stoßen? Was könnte schiefgehen? Indem Sie potenzielle Probleme im Voraus identifizieren, können Sie Notfallpläne erstellen, um diese zu beheben.

2. Entwickeln Sie eine Resilienz-Denkweise: Resilienz ist Ihre Fähigkeit, sich von Rückschlägen zu erholen. Entwickeln Sie eine Denkweise, die Hindernisse als Wachstumschancen und nicht als unüberwindbare Barrieren betrachtet. Erinnern Sie sich daran, dass Rückschläge ein natürlicher Teil jeder Reise sind und wertvolle Lernerfahrungen mit sich bringen können.

3. Ziele aufschlüsseln: Große Ziele können sich überwältigend anfühlen und leicht die Motivation verlieren. Teilen Sie Ihre Ziele in kleinere, besser überschaubare Aufgaben auf. Dieser Ansatz lässt Ihr Ziel nicht nur erreichbarer erscheinen, sondern ermöglicht Ihnen auch, auf dem Weg dorthin kleine Siege zu feiern.

4. Bleiben Sie flexibel: Das Leben ist unvorhersehbar und manchmal müssen Sie Ihre Ziele oder Ihren Ansatz anpassen. Bleiben Sie flexibel und offen für Veränderungen. Wenn etwas nicht funktioniert, haben Sie keine Angst vor einer Neubewertung und Umstellung. Flexibilität kann Ihnen helfen, den Überblick zu behalten, auch wenn die Dinge nicht wie geplant verlaufen.

5. Nutzen Sie positive Verstärkung: Belohnen Sie sich für Fortschritte, egal wie klein sie sind. Positive Verstärkung kann Ihre Motivation steigern und Sie voranbringen. Belohnungen müssen nicht extravagant sein; Auch kleine Leckereien oder Momente der Entspannung können wirkungsvolle Anreize sein.

6. Bauen Sie ein Support-System auf: Umgeben Sie sich mit unterstützenden Menschen, die Sie ermutigen und zur Verantwortung ziehen können. Teilen Sie Ihre Ziele mit Freunden, der Familie oder einer Selbsthilfegruppe. Ihre Ermutigung und ihr Feedback können von unschätzbarem Wert sein, insbesondere in schwierigen Zeiten.

7. Visualisieren Sie den Erfolg: Visualisierung kann ein wirkungsvolles Motivationsinstrument sein. Verbringen Sie Zeit damit, sich vorzustellen, wie Sie Ihr Ziel erreichen. Wie sieht Erfolg aus? Wie werden Sie sich fühlen, wenn Sie es geschafft haben? Diese mentale Probe kann Ihr Selbstvertrauen stärken und Sie auf Ihr Ziel konzentrieren.

8. Bleiben Sie mit Ihrem „Warum" in Verbindung: Behalten Sie immer den Grund für Ihr Ziel im Hinterkopf. Warum haben Sie sich dieses Ziel überhaupt gesetzt? Was wird es für Sie und Ihr Leben bedeuten, wenn Sie es erreichen? Wenn Sie mit Ihrem „Warum" in Verbindung bleiben, können Sie Ihre Motivation neu entfachen, wenn Sie aufgeben möchten.

Beim Setzen und Erreichen von Zielen geht es nicht nur um das Endergebnis; Es geht um die Reise und das Wachstum, das Sie auf dem Weg erleben. Durch die Verwendung der **SCHLAU** Mit diesem Rahmen können Sie klare, umsetzbare Ziele festlegen, die Sie zum Erfolg führen. Denken Sie daran, Herausforderungen vorherzusehen, flexibel zu bleiben und sich mit Ihrem Support-System in Verbindung zu setzen, um Ihre Motivation aufrechtzuerhalten.

Ihre Ziele sind zum Greifen nah und mit Entschlossenheit und Ausdauer können Sie sie erreichen und ein erfülltes, zielorientiertes Leben führen.

KAPITEL 11

Aufblühen im Alltag

Stellen Sie sich vor, Sie wachen jeden Morgen zielstrebig und ruhig auf und sind bereit, alles in Angriff zu nehmen, was der Tag bringt. Dies ist nicht nur ein ferner Traum, sondern eine Realität, die Sie erreichen können, indem Sie die erlernten Strategien in Ihren Alltag integrieren. Stellen Sie sich vor, Sie würden ein Leben führen, in dem der Umgang mit der Borderline-Persönlichkeitsstörung (BPD) Teil Ihres täglichen Rhythmus ist und es Ihnen ermöglicht, trotz der Herausforderungen erfolgreich zu sein. In diesem Kapitel erfahren Sie, wie Sie diese Strategien in Ihren Alltag integrieren, Ihre Fortschritte aufrechterhalten und Ihre Erfolge feiern können.

Integration der Strategien in den Alltag

Wie ich bereits in diesem Buch erwähnt habe, hatte ich jahrelang mit BPS zu kämpfen. Aber nachdem ich mich erholt habe, beginne ich meinen Tag mit dem sanften Klang meines Weckers und vermeide die störenden Pieptöne, die früher für Stress sorgten. Ich nehme mir einen Moment Zeit, um tief durchzuatmen und mir einen positiven Vorsatz für den Tag zu setzen. Diese kleine Übung, die ich auf meiner Reise gelernt habe, ist zu einem Eckpfeiler meiner Morgenroutine geworden.

Wenn ich mich auf die Arbeit vorbereite, integriere ich Achtsamkeit in meine Aktivitäten. Beim Zähneputzen oder Bettmachen konzentriere ich mich auf die Empfindungen und Bewegungen und verankere mich im gegenwärtigen Moment. Diese Praxis hilft mir, zentriert zu bleiben und verringert die Angst, die früher meine Morgen getrübt hat.

Beim Frühstück nehme ich mir Zeit, meine Mahlzeiten zu planen und stelle sicher, dass ich nahrhafte Optionen einbeziehe, die mein geistiges Wohlbefinden unterstützen. Ich habe gelernt, dass eine ausgewogene Ernährung eine entscheidende Rolle bei der Stabilisierung meiner Stimmung und meines Energieniveaus spielt. Durch achtsames Essen vermeide ich Ablenkungen und genieße mein Essen, was mich präsent und ruhig hält.

Während meines Arbeitstages nutze ich kurze Achtsamkeit Pausen, um ausgeglichen zu bleiben. Wenn ich spüre, wie Emotionen aufsteigen, mache ich tiefe Atemübungen oder einen kurzen Körperscan. Diese Techniken helfen mir, meine Emotionen effektiv zu verwalten und zu verhindern, dass sie mich überwältigen.

Ich plane auch Zeit für die Selbstfürsorge ein. Nach der Arbeit widme ich eine Stunde Aktivitäten, die mich regenerieren, wie Lesen, Gartenarbeit oder

Yoga. Diese Momente der Selbstfürsorge sind nicht verhandelbar, da sie mir helfen, neue Energie zu tanken und mein emotionales Gleichgewicht aufrechtzuerhalten.

Bei meinen Interaktionen achte ich darauf, dass ich eine durchsetzungsfähige Kommunikation übe. Ich nutze das **"ICH"** Aussage, um meine Bedürfnisse und Gefühle klar auszudrücken und Missverständnisse zu vermeiden, die früher zu Konflikten führten. Das Setzen von Grenzen ist zu einem natürlichen Teil meiner Beziehungen geworden und sorgt dafür, dass ich mich respektiert und verstanden fühle.

Jeden Abend denke ich über meinen Tag nach und notiere, was gut gelaufen ist und was ich verbessern kann. Ich schreibe meine Gedanken auf, was mir hilft, meine Erfahrungen zu verarbeiten und Absichten für den nächsten Tag festzulegen. Diese Reflexion ist zu einem wertvollen Werkzeug für mein Wachstum und mein Selbstbewusstsein geworden.

Fortschritte aufrechterhalten und Erfolge feiern

Schauen wir uns an, wie ich Fortschritte gemacht und meine Erfolge gefeiert habe. Ich setze kurzfristige Ziele, die überschaubar und greifbar sind. Ich könnte zum Beispiel versuchen, eine Woche lang jeden Morgen fünf Minuten lang Achtsamkeit zu üben. Das Erreichen dieses kleinen Ziels stärkt mein Selbstvertrauen und motiviert mich, mir neue Ziele zu setzen.

Ich neige dazu, meine Fortschritte in einem Tagebuch zu verfolgen und meine Erfolge und Rückschläge zu dokumentieren. Diese visuelle Aufzeichnung hilft mir zu sehen, wie weit ich gekommen bin, und bietet mir an schwierigeren Tagen eine Motivationsquelle. Ich erkenne meine

Fortschritte an, egal wie klein sie sind, und nutze sie als Grundlage für weiteres Wachstum.

Kleine Erfolge zu feiern ist ein großer Teil meiner Strategie. Wenn ich eine Stresssituation erfolgreich bewältige oder meine Selbstpflegeroutine eine Woche lang aufrechterhalte, belohne ich mich mit etwas Schönem, wie einem Lieblingsgenuss oder einem entspannenden Bad. Diese Belohnungen verstärken mein positives Verhalten und halten mich motiviert.

Ich bleibe flexibel und passe meine Strategien je nach Bedarf an. Wenn ein bestimmter Ansatz nicht funktioniert, zögere ich nicht, etwas Neues auszuprobieren. Diese Flexibilität stellt sicher, dass meine Methoden effektiv und für meine sich entwickelnden Bedürfnisse relevant bleiben.

Um mit meinem Ziel verbunden zu bleiben, erinnere ich mich regelmäßig daran, warum ich diese Änderungen vornehme. Ich führe eine Liste meiner langfristigen Ziele und der positiven Auswirkungen, die sie auf mein Leben haben werden. Diese Verbindung zu meinem tieferen Ziel stärkt meine Motivation, insbesondere in herausfordernden Zeiten.

Mein Unterstützungssystem spielt auf meiner Reise eine entscheidende Rolle. Ich treffe mich regelmäßig mit Freunden und Familie und teile meine Fortschritte und Herausforderungen. Ihre Ermutigung und ihr Feedback bieten wertvolle Unterstützung und Verantwortung und helfen mir, auf dem richtigen Weg zu bleiben.

Dabei übe ich Selbstmitgefühl. Ich erkenne, dass Rückschläge ein natürlicher Teil der Reise sind und mache mir deswegen keine Sorgen. Stattdessen begegne ich mir selbst mit Freundlichkeit und

Verständnis, was meine Widerstandskraft und meine Fähigkeit stärkt, wieder auf die Beine zu kommen.

Meine Geschichte zeigt, wie die Integration von Strategien in den Alltag, die Aufrechterhaltung von Fortschritten und das Feiern von Erfolgen Ihr Leben verändern können. Um mit einer Borderline-Persönlichkeitsstörung erfolgreich zu sein, kommt es auf Beharrlichkeit, Selbstbewusstsein und darauf an, die Reise mit Mitgefühl und Hingabe anzunehmen.

Wenn Sie diese Prinzipien auf Ihr eigenes Leben anwenden, denken Sie daran, dass jeder Schritt, egal wie klein, Sie dem Erfolg im Alltag näher bringt. Feiern Sie Ihre Fortschritte, lernen Sie aus Rückschlägen und bleiben Sie Ihrem Weg treu. Mit diesen Praktiken können Sie eine Zukunft voller Sinn, Freude und Erfüllung schaffen.

Abschluss

Am Ende dieser gemeinsamen Reise ist es wichtig, die wichtigsten Strategien und Erkenntnisse, die wir untersucht haben, noch einmal zu überdenken. Das Verstehen und Bewältigen der Borderline-Persönlichkeitsstörung (Borderline Personality Disorder, BPS) ist ein vielschichtiger Prozess, und jedes Kapitel in diesem Buch hat Ihnen Werkzeuge an die Hand gegeben, die Ihnen dabei helfen, erfolgreich zu sein.

Sie haben damit begonnen, zu verstehen, was BPD ist, einschließlich seiner Symptome, Diagnosekriterien und häufigen Missverständnisse. Von dort aus haben Sie sich mit der Wissenschaft hinter BPD befasst und mehr über die biologischen, psychologischen und umweltbedingten Faktoren erfahren, die die Störung beeinflussen.

Der Umgang mit Emotionen ist für Menschen mit BPD von entscheidender Bedeutung, und wir haben die Bedeutung emotionaler Wahrnehmung und des Umgangs mit intensiven Emotionen besprochen. Sie haben praktische Strategien zum Erkennen und Verstehen Ihrer Emotionen sowie Techniken wie Erdung und Selbstberuhigung erlernt, um die emotionale Intensität effektiv zu bewältigen.

Kommunikation ist ein weiterer wichtiger Bereich, und wir haben uns mit Werkzeugen zum konstruktiven Ausdruck von Emotionen, dem Training des Durchsetzungsvermögens und dem Setzen von Grenzen beschäftigt. Die Entwicklung einer Wachstumsmentalität sowie das Praktizieren von Selbstmitgefühl und Selbstfürsorge wurden als grundlegende Elemente für den Aufbau von Resilienz und die Förderung des emotionalen Wohlbefindens hervorgehoben.

Der Aufbau gesunder Beziehungen ist der Schlüssel zu Ihrem allgemeinen Glück, und Sie haben gelernt, toxische Beziehungen zu erkennen, Grenzen zu setzen und unterstützende Verbindungen zu pflegen. Um ein erfülltes Leben zu führen, müssen Sie Sinn und Zweck finden, Ziele setzen und erreichen und die Strategien in Ihren Alltag integrieren.

Schließlich konzentrierten wir uns darauf, den Fortschritt aufrechtzuerhalten und Erfolge zu feiern. Als wesentliche Komponenten für kontinuierliches Wachstum und Belastbarkeit wurde hervorgehoben, wie wichtig es ist, über den eigenen Weg nachzudenken, seine Strategien anzupassen und Selbstmitgefühl zu üben.

Ermutigung für die Zukunft

Denken Sie bei Ihrem weiteren Vorgehen daran, dass Ihre Reise mit BPD einzigartig für Sie ist. Es wird Herausforderungen und Rückschläge geben, aber jeder Schritt, den Sie unternehmen, ist ein Beweis für Ihre Stärke und Entschlossenheit. Sie haben bereits bemerkenswerten Mut bewiesen, indem Sie nach Strategien gesucht haben, um Ihr Leben und Ihr Wohlbefinden zu verbessern.

Wenden Sie weiterhin die Techniken an, die Sie erlernt haben, bleiben Sie mit Ihrem Unterstützungssystem in Verbindung und genießen Sie jeden Tag mit einem Gefühl von Sinn und Hoffnung. Feiern Sie Ihre Fortschritte, egal wie klein sie sind, und seien Sie freundlich zu sich selbst, wenn die Dinge nicht wie geplant verlaufen. Jede Anstrengung, die Sie unternehmen, bringt Sie einem Leben voller Erfüllung und Freude näher.

Ihre Belastbarkeit und Ihr Engagement für Wachstum sind inspirierend. Glauben Sie an Ihre Fähigkeit, erfolgreich zu sein, und lassen Sie sich von diesem Glauben durch die Höhen und Tiefen

Ihrer Reise führen. Denken Sie daran, dass Sie nicht allein sind – viele andere teilen Ihre Erfahrungen und verstehen Ihre Probleme.

Ihre Reise endet hier nicht – sie fängt gerade erst an. Suchen Sie weiterhin nach Wissen, vernetzen Sie sich mit anderen und investieren Sie in Ihr Wohlbefinden. Mit den richtigen Werkzeugen, der richtigen Unterstützung und der richtigen Einstellung können Sie die Komplexität der Borderline-Persönlichkeitsstörung meistern und sich ein Leben aufbauen, das nicht nur beherrschbar, sondern auch wirklich erfüllend ist.

Bleiben Sie belastbar, bleiben Sie hoffnungsvoll und bleiben Sie vor allem freundlich zu sich selbst. Sie haben die Kraft zu gedeihen.